だいわ文庫

強運を呼び込む51の法則

本田 健

大和書房

01 はじめに――なぜあの人は、運がいいのか 強運は、呼び込むことができる

「運」とは何か

一時的な幸運に恵まれて成功しても、たった数年で坂を下るようにして、転落していく人がいます。

特別な才能があったということでもないのに、あるポジションを与えられて、成功する人もいます。

一方で何をやっても成果が出ない人もいます。

世の中には運のいい人と悪い人がいるように見えますが、それはなぜでしょうか?

運というのは、目に見えないけれど、しかし、決してないとはいえない、不

捉《とら》えどころのないものというふうに考える人も多いのではないかと思います。頼りたいような、頼れないような、思議なもの。だからこそ、

運のいい人、運のいい会社、運のいい場所……。

運が悪いといわれるものと、運がいいといわれるものとの違いは、何でしょうか？

私は、今までにいろいろな分野の成功者といわれる人たちと接する機会に恵まれました。そのたびに、彼らはなぜ運がいいのかを考え、その質問をご本人にぶつけてみたり、運をよくする秘訣を教えてもらったりしました。

「運」について書かれた本も、手に入るかぎり読みました。

その結果、「運というものは、たしかに存在する」、そして、「運はよくすることが可能だ」という結論に達しました。

そう、運はあなたがつくり出すことができるのです。

そして、その運を使って最高の人生を生きることもできます。

運がいい人生と、運の悪い人生とでは、まったくその様相が違います。

高速道路で何の障害物もなく、美しい景色を横目に高速で走るのと、ジャングルで、ヘビ、ワニ、毒虫などにおびえながら、こわごわ進むのと同じくらい違います。

どちらの道がいいかは、いうまでもありません。

ところで運は、次の４つが複合的に絡《から》み合って、あなたの人生を導いていきます。

（１）運の本質についての捉え方
（２）自分の内面的なあり方や性格
（３）人間関係の築き方
（４）自分を取りまく環境

そう考えると、運を強くするには、今から挙げる次のことが不可欠です。

・感情的な問題をクリアすること
・人間の本質を理解すること
・エネルギーを高めること
・愛され、共感される夢を持つこと
・応援される人になること
・良好な人間関係を持つこと
・行動すること

これらのことができて初めて、人生が変わっていくのです。

運について書かれている本の多くは、
・「俺は運がいいから、まあ俺の言う秘訣を聞けよ」という上から目線のもの
・「何の根拠もないけど、とにかくこれをやれ！」という盲目的な信心が必要なもの

・学者が、科学的に運を解説しているもの
　というようなものです。

　でも私が読んでいて納得できるのは、「学者」というよりは、たくさんの人を実際に見ていて、その人間観察が鋭いと思う専門家が、体系的に運について語っているものです。

「早起きをすると運がよくなる」とか「特定の色の財布を持つと運がよくなる」などという思い込みで運気がアップしたという感覚をもつ人もいるかもしれませんが、それでは迷信の域を超えないし、再現性が計測できません。しかし、長年にわたって、いろいろな人のケース（または人生）を実際に見てきた人が語る内容には、体験に裏付けられた、ある種の普遍性を感じます。

　本書では、私自身が自分で試してみて、効果があったと思う法則のみを紹介していきます。自分でも心がけて実践しているけれど検証しにくいこと、スピリチュアルすぎて、一般には理解がむずかしいものは除外しました。

□運についての3つの疑問

本文に進む前に、運について私が持っていた疑問点を挙げ、説明しておきましょう。

読者のみなさんにも関心があることだと思うので、この部分を読んでいただいただけでも、運に関しての長年の謎が解けるかもしれません。

疑問1 運は存在するのか？

まず最初の疑問。運というものは存在するのか？

これは、経験的、感覚的なもので、「運てあるよね」などと友人同士でおしゃべりするレベルと、科学的に証明できるレベルのものがあると思います。

みなさんのまわりにも、運のいい人と悪い人がいるのではありませんか？

感覚的に、「そう、運のよし悪しはある！」ということを感じている方は多いと思います。

たとえば、高額の宝くじに、続けて3回も当選する人。

懸賞品を人の数倍の確率で当てる人。

道ばたで出会った知り合いでも何でもない人に、数百億円で会社を売る人。

そういう人々のインタビュー記事を読んだかぎりでは、確率では説明できない運のよさがあるようです。

またそれとは逆に、「一日に3回も交通事故に遭った」「家が2度、火事になった」「就職先が何度も倒産する」など、どう考えても、ありえない確率で不運に遭遇する人がいるのも事実です。

本書では、「運は確かに存在する」という前提で進めていきたいと思います。

疑問2 なぜ、運のいい人と悪い人がいるのか？

運が存在することを認めたうえで話を進めると、今度は、人によって、運のよし悪しの程度がどれくらいあるかという話になってくると思います。

たとえば、あなたの友人、知人の顔を思い浮かべてください。その中で、もっとも運のいい人、もっとも運の悪い人の2人をサンプルとして考えましょう。

運のいい人の生活のリズムと、運の悪い人のリズムはどれだけ違うのでしょうか？

彼らの毎日の幸せ度、経済的自由度、人間関係のスムーズ度の違いを見てください。

言うまでもなく、運のいい人は、毎日が楽しそうで、人間関係も上手にこなしているように見えるのではないでしょうか？

一方、運の悪い人は、ストレスの多い生活を送っているでしょう。それは、金銭的なトラブルが原因かもしれませんし、人間関係の問題かもしれません。

運のいい人と悪い人の人生は、その幸せ度、楽しさ度がまったく違うのです。

疑問３　運は、後天的に身につけることができるのか？

「運のいい人と悪い人がいるのは、わかった。でも、それは才能と一緒で、生まれつき決まっているものではないですか？」と思うかもしれません。

たしかに、生まれつき運のいい人と悪い人はいます。

でも、私は、ある時期まで運が悪かったのに、本人の努力で大きく運を向上させた人を何十人も知っています。

運は、習慣と密接に関係しています。

だから、それを変えないかぎり、運も変わりません。

私も、いろいろな先生について自分の運命と向き合い、人生の学びを深めてきました。そのおかげで、ようやく運のよさが身についてきたように思います。


本書を、自由に、自分らしく生きようとする、すべての方に捧げます。

各項目の終わりに、私の人生でうまくいくきっかけになった言葉、勇気をくれた言葉を掲載しています。それを分かち合えることに、とても喜びを感じています。

あなたの運が、どんどんアップしますように。そして、それは、あなただけでなく、あなたのまわりの人にとっても、すばらしい結果を生むことでしょう。


では強運の世界へ、今から一緒に旅をしましょう。

強運を呼び込む51の法則

目次

第1章 運のいい人、悪い人

第2章 運の流れを知る

第3章 人生の好機を逃さない

第4章 幸せな人生に導かれる

第5章 最強の運を呼び込む

第1章

運のいい人、悪い人

02 運は「なにげない日常の一瞬」に劇的に変わる

アメリカの鉄鋼王アンドリュー・カーネギーは語っています。

「ごく些細な日常生活に、運命を変える出来事がある」

たしかに、自分の人生を振り返ってみて、思い当たることがあります。今までの生き方がガラリと変わったきっかけのほとんどは、たわいもない会話だったからです。

なんとなく行ってみようかなと、ふと思いついて出かけたパーティーや旅行で、すばらしい出会いを得ました。

いろいろな人の伝記を読んでいても、ちょっとした偶然から、仕事を変えたり、チャンスをつかんでいます。その多くが、劇的なものではなく、知り合いとレストランで隣り合った、トイレで出会った、道でばったり出会ったというものです。

あなたも、過去を振り返ってみてください。今の仕事、パートナー、親友との出会いは、ほとんど偶然ではなかったですか？

日常的な偶然をいくつも積み重ねられる人が運を引き寄せられるのです。

偶然を単なる偶然にするか、人生を変える必然にするかが、あなたの運です。

毎日起きる運の女神のイタズラに敏感になりましょう。

チャンスはいつも意外なところからやってくる
という皮肉な習性がある。

ナポレオン・ヒル

03 「大好きなこと」が強運を呼び込む

あなたのまわりで、いちばん運のいい人を思い浮かべてください。たいてい彼らは、楽しく充実した毎日を送っているのではないかと思います。

彼らは、自分がおもしろいと思ったことには何でも挑戦し、夢を次々に実現していきます。表情も、いつもにこにこしている人が多いでしょう。

私は、暗い顔をしてボソボソ話す人で、運のいい人に会ったことがありません。

人間の顔の表情や声には、そのときの感情が表れます。暗い気持ちになっているから、暗い顔になるのでしょうが、運のいい悪いで見ると、それだけで、いい運を遠ざけてしまうように思います。

運のいい人は、自分の大好きなことをしながら、まわりの人とよい関係を保ち、社会的にも認められています。

彼らには独特のリズムがあり、「こういう人が運がいいんだな」と感じさせる何かがあります。

彼らは大好きなことをやっているので、イライラすることもありません。また、まわりの人にたえず気を遣っているので、誰からも好かれています。

そういう人には何かあったら、たくさんの人が駆けつけてくれるでしょう。

たとえトラブルにあっても、乗り越える力を集めることができるのです。

成功して満足するのではない。
満足していたから成功したのである。

アラン

04 不幸を幸せに変える力が運をつくる

運のいい人は、ずっと運がいいように見えます。

それは、彼らが、多少運が悪くなっても、そこから復活する技術を身につけているからです。自転車に乗っていて転《こ》けそうになっても、しっかりバランスを取って、体勢を元にもどすのと似ています。


冷静に物事を観察していると、実は、運のいい人にも、悪い人にも、同じようなことが起きています。

長い人生のあいだには、リストラにあったり、病気になったり、家族が不幸になったりということがあります。そういうときには目の前が真っ暗になって、無力感を感じることがあるかもしれません。

しかし、運のいい人が運の悪い人と決定的に違うのは、一時的な不幸を幸せに変える力を持っていることです。

悲しいこと、つらいことは、誰の身にも起きます。人間には寿命があるし、人生に変化はつきものだから、変化に伴う喪失を避けることはできません。その変化を苦しみと捉えて嘆くのか、それをテコに使って自分の人生をおもしろく、すばらしいものにするのかは、私たち次第です。

人生では何がプラスになるかマイナスになるかは、わからないものです。どんなことが起きても、自分の幸せに変えていこうという気持ちさえ持っていれば、いい運を引き寄せることができます。

困難とは作業衣を着た好機会に過ぎない。
H・カイザー

05 ポジティブすぎる人は運を逃す

「ポジティブ思考の人は運がいい」というイメージがあるのではないでしょうか。

たしかに、前向きに物事を捉える人は、運をうまく引き寄せることができるように思えます。

しかし、ポジティブになりすぎると、人はまた運を逃してしまうのです。

たとえば、お客さんから、たて続けに同じようなクレームがあったとします。

バランスのいい人は、「なぜだろう?」とその原因を追及して、問題を解決していくので成長することができます。

ポジティブすぎる人は、クレームが起きたとき、「まあ、そういう変な客もいるさ。「気にしないようにしよう」と言って、反省しません。また、従業員や奥さんが文句を口に出していないだけなのに、すべてがうまくいっていると勘違いしていたりします。

こういう人は、成長することがありません。前向きと無神経は違うのです。

物事には、必ず、ポジティブな面と、ネガティブな面の両方があります。その両サイドを見られるようになると、物事の本質がつかめてきます。

ポジティブすぎる人は、どうしても、そのあたりが抜け落ちているのです。その態度が、繊細な人、感受性の鋭い人には、無神経に見えて、嫌われてしまいます。

自分では、知らないうちに、運を逃がしてしまうのです。

おおむね大きな誤りの底には高慢があるものである。

ラスキン

06 運のいい人は、いつも最高の未来を予感している

運のいい人の特徴として、常に自分の未来はすばらしいと感じているということがあります。彼らにとって、未来は、現在《いま》つくられます。というより、どの未来を選択するのかを、今、決めているのです。

あなたは、最高の未来を選択することもできるし、最悪の人生をつくることもできるのです。

人生は選択の連続によって、成り立っています。

成功する人は、常にどんなときでも、最高の選択をしているので、結果的に、理想の人生をはるかに超える人生を手に入れることになります。

最高の選択をしつづけることは、あなたの運を高めます。

どんなときも、自分自身に聞いてもらいたいことがあります。

それは、「ここから最高の人生をつくるには、どうしたらいいのか？」です。


自分の方向性を変える質問をすればいいのです。

たとえば「余裕のある自分なら、ここでどうするか？」と聞きましょう。

未来を予感しているというのは、ポジティブ思考とも少し違います。

一生懸命、手帳に書かなくても、呪文を唱えなくても、「きっと、うまくいく」という感覚を持っていればいいのです。


運命は偶然には訪れない。選択の問題である。

ウィリアム・ジェニングス・ブライアン

07 運が悪くなったら、人生の根本を見直すサイン

世の中には、何をやってもツイていない人がいます。

受験にことごとく失敗したり、就職や転職、起業に失敗する人です。

また、恋愛運の悪い人もいます。

彼らの多くは、自分に問題があるとは認識していません。世間が悪いとか、世の中の男性、女性が悪いという具合に、他人のせいにしてしまっています。


たとえば、金運が悪い人は、なぜそうなのかを振り返ってみるとよいでしょう。

お金の問題のほとんどは、稼ぎが少ないか、使うのが多すぎるかのどちらかが原因です。不運を嘆く代わりに、稼ぎを増やしたり、出費を抑えることです。

仕事で運が悪いという人は、自分の仕事観を見つめ直すとよいでしょう。

短期間で転職を繰り返している人は、仕事運がないのではなく、人間関係に問題があることが多いのです。

なかには、本当に仕事運が悪い人もいます。

以前、私が翻訳した『億万長者に弟子入りして成功する方法』（大和書房）の著者・スコット氏は、勤めていた会社が立て続けに倒産し、7回も転職します。しかし、その後、彼は一念発起して、自分で会社を興し、テレビ通販の事業で大成功します。

不運にめげず、不運のせいにせず、自分の足で立って行動しつづける人には、運がやってきます。

運の女神をこちらに向かせるぐらい行動を起こしてみましょう。

苦しみは人間の偉大な教師である。

エッシェンバッハ

08 ずっと運がいい人も、悪い人もいない

運をよくしたい人は、一度よくなったら、一生そのままでいきたいと思っていると思います。でも、残念ながら、そんなことは不可能です。

運の神様のような松下幸之助さんも、死ぬほどの苦労を何度も経験しています。生まれてからこれまで何の問題もなく生きてきた人は、ほとんどいないはずです。

運に関して、気をつけておかなければいけないのは、運気の上下です。運が上向きのとき、下向きのとき、自分の運の状態を把握して、準備しておきましょう。

私たちは、調子がよいときは、このままそれが続くと勘違いしがちです。

逆に、「もう駄目だ！」と思うときは、意外と底にいるときで、そこからはゆっくり運気が上がってきたりするものなのです。

そうした運の特徴のようなものをつかんでおけば、たとえ運気が落ち始めたと感じたときにも、じたばたする必要がありません。


運が下がっているなと感じたら、「いいタイミングだ。休もう」と考えればいいのです。逆に、上向きだなと思ったら、「さあ、これから何をやれば楽しいかな？」とワクワクしながら、自分に聞いてみればいいのです。

運がどちらを向いても大丈夫、という感覚があると楽に生きられます。

その運の上下を楽しみながら、人生も楽しむ余裕を持ちたいものですね。

運命はわれわれの行為を半分支配し、
他の半分をわれわれ自身にゆだねる。

マキャベリ

09 短期間で得た「忙しいお金」は、あっという間に去っていく

運を特に意識するのは、無名だった人が、急に成功するときではないでしょうか？

たとえば、歌手、スポーツ選手、映画俳優だけでなく、実業家、政治家で、一夜にして脚光を浴びる人がいます。彼らは、注目の人となり、賞賛され、持ち上げられ、テレビ、雑誌などに登場するようになります。

すると、たいていその後しばらくして、その人はスキャンダルに巻き込まれて、まわりの人たちから手のひらを返すように批判されて、やがては消えていきます。

人だけでなく、娯楽やファッションなどのブームも同じ運命をたどります。

1970年代にボーリングが流行ったとき、たった2年のあいだに大ブームに

なり、その後一気にブームは去りました。なんと1年で売り上げは96%も落ちたそうです。

当時、ボーリングブームを当て込んだ起業家は、あっという間に破産しました。短期間で起きたブームは、短期間で終息してしまうのです。ですから、長期的な成功を目指す人は、できるだけ時間をかけて成功していくことを心がけてください。

資産も、人間関係も、じっくり時間をかけてつくったほうが、確実です。短期間で儲けた「忙しいお金」は、油断すると、あなたの下を暴力的に去っていくものです。

人生は、短いようで、長いのです。長期戦を心がけましょう。

人生は道路のようなものだ。
一番の近道は、たいてい一番悪い道だ。

フランシス・ベーコン

10 感情的にムラがある人からは運が逃げる

これまで、政治、ビジネス、アート、芸能界、アカデミックな世界などで活躍する人たちと親しくしてきて、身近に彼らが成功していく姿を見てきました。

彼らの人生が興味深いのは当然ですが、同時に、私の興味をひいたのは、成功者の周辺にいた人たちです。彼らは誰が見ても成功する素質を持っているのに、なかなか結果が出ないのです。

なぜ、この人たちは、成功できないのでしょう?

よく見ていると、そういう人は、たいていお金、時間、人間関係にルーズだったり、すぐ感情的になることがわかりました。ちょっとしたところで信用をなくし、ここぞというときに実力を発揮できないままになっているのです。

なかでも、感情のコントロールは、運にとって、もっとも大切な要素です。
なぜなら、誰かのことを好きになったり、嫌いになったりするのは、感情だからです。

何かのチャンスをあげようと思っているときに、あなたはどこを見るでしょうか？
一人は、才能はあっても、お金や時間にルーズで、感情的な人。
もう一人は、同じだけ才能があって、穏やかで人間的に信頼できる人。
そこから一人を選ぶときには、全員が感情的に安定している人を選ぶでしょう。
感情指数EQが低い人は、運を引きつける力も弱いのです。

腹が立ったら、何か言ったり、
したりする前に十まで数えよ。

ジェファーソン

11 運のいい人、悪い人は、それぞれでグループをつくっている

運のいい人と、悪い人は、今の世の中で出会うことはほとんどありません。なぜなら、彼らは住んでいる世界が全然違うからです。

同じ居酒屋にいたとしても、あるグループは、会社や上司の悪口や愚痴をお互いに言い合って盛り上がっているでしょう。別のグループは、これからやりたいことや夢について話をしているかもしれません。

運の悪い人は、リズム感の悪い生活をしています。不規則で、嫌いなことをして毎日、文句を言いながら生きているでしょう。

一方で運のいい人は、リズミカルな生活をして、毎日ワクワクして、人生をエンジョイしているのです。

あなたの友人には、運がいい人たちが多いですか？

それとも、運の悪い人たちが多いですか？

今、まわりに問題を抱えている人が多ければ、あなたの運気は下がっています。逆に、まわりの人がうまくいっていれば、運気はアップしているでしょう。


友人だけでなく、ビジネス上つき合う人も、自分より数段レベルの高い人たちとつき合うことです。

どこに属するかで、あなたの運は大きく変わってきます。ふだん、つき合う人を慎重に選びましょう。


世の中には二種類の人間がいる。

できる人間と、批判する人間だ。

ロナルド・レーガン

第2章

運の流れを知る

12 人の流れ、お金の流れをつくれるか、それが運気アップの秘訣

「運」は、人や情報、モノの「動き」によって、まさに運ばれてくるものです。

その本質は、空気のようなエネルギーだといえるでしょう。

活気のあるレストランやショッピングセンターをイメージしてください。

お客さんがいっぱいで、笑い声があちこちに聞こえるレストランには、いい運気が満ちています。

逆に、ほとんど人のいないレストランをイメージすると、そこには停滞したエネルギーが充満しているのがわかるでしょう。


人や情報、お金やモノの流れによって、運は動き出すのです。

まずは、人が来やすい環境を整えること、情報をあげたいと思われるような

人になることが、鍵になります。

運の流れをきれいにしておくことは、運気アップの秘訣です。人を惹きつけることができる人は、人気がある人になります。元気、勇気を与えてくれる本、映画、場所のことを人は好きになります。結果的に、人の気を集めていける人、場所、国は、運がよくなるのです。人がたくさんやってくる場所は、運気が上がり、結果的に地価も上がるのです。

運は、そういったエネルギーの流れなのです。

目的意識があれば、
エネルギーは自然と生まれるものだ。

スティーヴ・チャンドラー

13 人をワクワクさせるエネルギーが運の源になる

運とは、「ワクワクするときに生まれるエネルギー」だと私は解釈しています。

たとえば、流行っているショッピングセンターやレストランに行くと、そこにはワクワクするような雰囲気があります。ディズニーランドやハワイに行くことを考えただけで、心が躍《おど》る人もいるでしょう。

そういった場所には、人を元気にする力があるからです。


誰かと出会ったときも、すごく感激したり、うれしかったりするときに、同じようなワクワクするエネルギーが発生します。それは、そのまま、あなたのまわりに伝わっていきます。

あなたには、今まで「もう一度会ってみたい」と感じた人がいますか?

その人は、間違いなく、運のいい人です。

繁盛する店、成功する起業家は、人を惹きつけて離さない魅力を持っています。

彼らは、自分の大好きなことをネタにビジネスをスタートしています。そして、それをやるのが大好きなスタッフを見つけ、彼らと一緒に毎日を過ごしているから、楽しくて仕方がないのです。

そんな彼らのワクワクエネルギーにつられて、まわりの人は、彼らを応援したくなったり、物を買いたくなったりするのです。結果的に、それは、その人や会社の運につながります。運のいい人は、そうやって、自分からワクワクエネルギーを発生させることができるのです。

成功する人間は、自ら自分の望む環境を探す人であり、
自分でそれをつくり出す人である。

ジョージ・バーナード・ショー

14 誰のおかげで成功できたかを忘れない

運とは何かをいちばん簡単なイメージで説明すると、それは「風」だと思います。それも、あなたの応援団が吹かせてくれる風です。

あなたが何かをやろうとするときに、応援してくれる人が何人いるのかが、あなたの運の強さになります。

運というと、不確定なものだと感じるでしょうが、実際には、あなたが何かをやるときに、知らないうちに来てくれる助けのようなものです。

その運は、あなたの経営するお店に来るお客さんというかたちで、目で見えるときもあります。けれど、口コミであなたのことをよく言ってくれ、来店を勧めてくれる見えない行為のこともあります。それらすべてが、あなたの運なのです。

そして、すべての要素がかけ算で起きて、お店を始めて1年しかたたないのに、「いつもお客でいっぱいで、運がいいですね!」ということになるのです。

そうやって成功する人は伸びていきます。

そこから、さらなる運をつかむ人と、運を逃す人がいます。

運を逃す人は、「自分の実力だ」と過信して、手を抜いてしまう人です。

以前、大好きだったラーメン屋の話ですが、若いオーナーは店が繁盛しはじめると、だんだんと店に来なくなりました。

その後、アルバイトの人はやる気がなく、彼らが調理する麺は、いつものびているというようになりました。

「店長さんはどうしているの?」と聞くと、「さあ、旅行にでも行っているみたいですよ」とのこと。味も落ちたので、何となく足が遠のきました。

私と同じように感じた人は多かったのか、あっという間にお客が減って、そのお店はダメになりました。

彼はセンスがよかったのに、途中で気を抜いたために成功を逃したといえるでしょう。

あなたが、応援を送ってくれる人に対して、しっかり向き合っていくと、彼らはますます、あなたのファンになります。

こうした気持ちのやりとりの中で、あなたの恩人の存在を決して忘れないようにしましょう。

このところ運がいいな、順調にいっているなと思ったら、それを謙虚に受けとめて、あなたの応援団の気持ちに感謝し誠実に応えましょう。

感謝して受くる者に豊かなる収穫あり。

ブレーク

15 リーダーの運で、国も会社も、その命運が決まる

運は、風のようなものだと言いました。運があるところには、風が吹きます。運がいい人には、勢いがあります。センスのいい人は、運のいい人の後ろには風が来ていることがわかるでしょう。

しかし、風が吹いていればいいというものではありません。

その風が強すぎると、それは突風となり、かえってマイナスになります。強風が狂風になるように、強運が凶運にもなりえるのです。

世界の歴史を見渡すと、国が隆盛するときには、強運のリーダーが生まれています。そのリーダーの下、国が栄えるのです。古くは三国志やローマ帝国の

時代から、それは変わっていません。

そのリーダーの運気の上下が、そのままその国の栄枯盛衰につながったりします。エリザベス女王のいた大英帝国時代のイギリスのように、リーダーの勢いが国の運になるのです。

国だけでなく、地域も同じです。地方では、運のないリーダーが市長や県知事に選ばれると、あっという間に経済が悪くなります。


会社も同じです。船井幸雄さんは、「会社のすべてはトップで決まる」と語っています。数人の会社なら、一人の力の違いは大きそうですが、数万人の組織でも、トップが変わるだけで、その会社が成功していくかどうかが決まります。


運のいいリーダーの下で働く人は、楽しんで何倍も成果が出ますが、運の悪い人の下で働いても、苦労が多いだけの場合もあります。

戦国時代は、仕《つか》えた武将の運で、その人の人生は決まりました。

現代でも、それは同じです。会社や上司を選ぶときは、運の強さを基準にすることです。

もし、あなたがリーダーなら、自分の運を上げることは大切な仕事です。あなたのグループすべての運命がかかっているのですから。

リーダーとして運を上げるには、グループの人に元気を与えてあげることです。

トップとして夢を語り、リスクを恐れずに前に進もうと呼びかけるのです。そういうリーダーからは皆、勇気をもらいます。その結果、グループ全体が元気になり、運が高まっていきます。

そうやって気を集められる人が、運のいいリーダーなのです。

本当のリーダーは人をリードする必要はない。
ただ道を示すだけでよい。

ヘンリー・ミラー

16 運は、貯めることも、与えることもできる

運は、お金と同じように、貯めたり、使ったり、誰かにあげることができます。

私は、初めてこのことを教えてもらったとき、とてもショックを受けました。運の存在自体を信じていなかったせいもありますが、それが、貯めたり、誰かにあげたりできるなんて「?・?・?」という感じでした。

具体的なイメージで説明していきましょう。

コマーシャルで、有名人が、缶コーヒー、シャンプー、化粧品、車などを宣伝しているのを見たことがあるでしょう。

あれは、有名人が自分の運（信用）を使っているのです。自分の影響力を利

用して、人の購買活動に影響を与えているわけです。

もう少し身近な例で説明しましょう。

あなたが友人のアロマセラピストについて、聞かれたとしましょう。

「あの人、どう?」と聞かれて、「彼女のセッションは最高だよ」と言ってあげます。あなたは、結果的にその人に運をプレゼントしたことになります。

運は、貯めることもできますが、それは、どういうことでしょうか?

あなたの恩人が、「義理の弟が営業マンでノルマに困っているから、保険に入ってあげてくれない?」と言ってきたとしましょう。

あなたは、ちょうどいいと思って、紹介された営業マンを通して保険に入ります。

これは、恩人があなたに貯めてあった運を使ったことになります。

このように運は、信用というかたちで、いろいろな人のあいだをグルグルとめぐっているのです。

運は、世代を超えて広がります。

悪い運でいうと、私の大学の同期で、ある有名な戦争指導者のひ孫さんがいました。彼はいい人でしたが、クラスメイトに、「おまえのひいじいちゃんのせいで、戦争になったんだぞ！」と責められていました。彼の責任ではないのに、曾祖父がつくった悪い運を、子孫の彼が受けているのです。

逆にいい運の例もたくさんあります。

戦前、戦後に活躍した実業家で篤志家《とくしか》のお孫さんと知り合いましたが、彼は、祖父のおかげでものすごく得をしています。

「あなたのおじいさんにお世話になった」と言って、仕事を回してもらったり、人を紹介してもらったりしているのです。


会ったことがない人の運をもらえるということもあります。

『ユダヤ人大富豪の教え』（大和書房）にも書きましたが、私は20歳のとき、アメリカのユダヤ人コミュニティーに住んでいたことがあります。

戦前、ユダヤ人の多くが、神戸経由でアメリカに逃れたそうですが、そのときに、神戸の人にとても親切にされたということで、私が神戸出身だとわかると、私に抱きつき、涙ながらに当時の話をしてくれました。

神戸に生まれたというだけで、何人もの大富豪の人たちにお礼を言われ、好意をもってもらい、家に何日も泊めていただいたり、私のためのパーティーを開いていただいたりということが何度もありました。

自分が生まれる30年も前の神戸の人が親切だったおかげで、私は人生を変える出会いを得ることができました。そして、その縁をまとめた本が、またたくさんの人の人生に触れています。

神戸に生まれたという「運」に心から感謝していますが、そうやって運と縁はめぐっていくものだということを実感しています。

愛は幸運の財布である。
与えれば与えるほど、中身が増す。

ミュラー

17 人のために動ける人は運を自在に操れる

あなたは、運命というのは決まっていると思いますか?
運命と宿命という言葉があります。
宿命は、文字通り宿る命です。
あなたが生まれたときに、もう決まっているのが宿命です。
生まれついたときに、すでにあるものです。
一方で、運命は、運ぶ命。あなたの命の運び方で決まってきます。
すなわち、宿命は変えることができないもの、運命は変えられるものなのです。
この違いを知るのは難しいことですが、私はそれを次のように捉えています。
私たちは、生まれながらにして、持っているものがそれぞれ違います。

生まれた家の財産、両親の教育レベル、住んでいる場所などがそうです。個人的な側面では、持って生まれた才能、体格や健康の度合い、性格などは、その人特有のものです。

これに関しては、平均より遙かに恵まれたものを持って生まれる人もいれば、そうでない人もいます。この不平等さは、どうしようもありません。

私の知っている人でも、大金持ちの家に生まれ、容姿も端麗で、スポーツ万能、頭脳優秀な人がいます。若い頃には海外留学を体験して、実家のビジネスを継ぎました。外から見れば、うらやましいと思う要素がいっぱいあるでしょう。

しかし、彼は、男女関係に恵まれず、なぜか素敵な人と出会えないのです。

宿命として、男女関係の運には恵まれていないのでしょう。

しかし、それを真剣に捉えて、積極的に変えていく努力をすれば、彼は素敵な女性と出会えるはずです。

ですが、今のところ恥ずかしがって、まだ、その「行動」は宿命に変えるには至っていません。

運命は、いくらでも変えることが可能ですが、宿命に制限を受けています。「人は変われるのか？」というのは大きなテーマですが、私は普通にしていると、なかなか変わるのは難しいと感じています。

なぜなら、人の考え方、感じ方、生き方は、宿命だけではなく、その人の育った環境に影響を受けるからです。

もちろん、それらを変えることで、大きく変わることはできます。

しかしながら、先祖から続く生き方のノリ、先祖や両親から受け継いだ価値観を乗り越えて、自分独自のものを創造できる人は、１００人に数人いるかどうかでしょう。

宿命の制限を突破して、運を自在に操れるようになるかは、人のために動ける人であるかどうかで決まってきます。自分の得ばかりを考えている人は、宿命によって規定された人生を超えていくことができません。

しかし、誰かのために真剣にしてあげたいこと、自分のエゴを超えて、やりたいことに打ち込むようになると、自然とまわりの人からのサポートを受けられ、制限がはずれるようなのです。愛する誰かのために無私の心で行動しはじめたとたん、宿命から自由になれるのです。

ある有名な歌手の人が語っています。

「人は、誰でも最初は、自分のために歌う。でも、あるときから、人のためだけに歌うようになる。それが、一流とそうでない人の違いだ」と。

あなたは、人生の歌を誰のために歌っていますか？

結局、人の役に立つことによって、
私たちは本当の人間になれる。

マーシャ・シネター

18 自分の「運のサイクル」に注意しておく

運というものは、波で表すことができるともいえます。

上向き、フラットな状態、そして、下向きです。

たとえば、金運も、人生を通じてずっとよかったという人には、ほとんど会ったことがありません。お金持ちになった人ほど、金運の上下の幅は大きかったはずです。

その波をうまく読み切って乗れた人はお金持ちになり、乗り損なったり、逆を行ったりした人は破産しています。

億万長者になるような人は、能力が高く、前向きで上昇志向が強いので、運気が上向きのときには大成功します。

しかし、下向きのときには、拡大志向が仇《あだ》となって、大失敗しがちです。億万長者や成功している会社が一気に駄目になるのは、そういう理由です。今、大金持ちになっている人は、過去に平均2、3回は破産するか、破産のピンチに陥《おちい》ったことがあるというデータもあるほどです。

自分の運気の波が上向きなのか、下向きなのか、自分でたえずチェックしてみましょう。

一つの見分け方は、まわりが自分よりもペースが遅く感じられたり、ぼんやりしているように見えるときは、運気がアップしている証拠です。

パワーアップしているときには、アクセル全開なので、周囲の景色が遅く見えるものなのです。逆に、まわりが優秀に見えたり、自分がいけていないなと感じるときは、運気がダウンしています。

体調でも、なんとなく疲れるなというときは、ダウン気味。何をやっても疲れないときは、逆に運気が上昇しています。

人間は浅はかな生き物で、自分さえうまくいっていれば、まわりのことが気になったりしません。

でも、もしも余裕があって、物事を見る目があれば、自分の家族が病気がちになったり、社員や同僚が暗くなったり、覇気がなくなったりしていると、まずいぞと黄色信号が灯《とも》るのが見えるはずです。

運気の上昇、停滞、下降をうまく見極めることです。

アストロロジャーの來夢《らいむ》さんの説に、運の波には4つの季節があるという「春夏秋冬理論」があります。12年を一つの周期として、各3年毎に春夏秋冬の4つの季節に分けていますが、占いを運の波に乗るための情報ツールとして提言しています。

自分の運の周期には注意しておきたいものです。


人間の行動にも潮時がある。

満潮に乗じて事を行なえば首尾よく運ぶ。

シェークスピア

19 あなたの人生を変える3つの運

運がいい人というと、上昇志向の強い人が、まわりの人を蹴散らしながらはしごを登っていくイメージがある人も多いでしょう。

私は、若い頃に、「3つの運を持ちなさい」と教えを受けました。

3つの運とは次の通りです。

(1) 上から引っ張り上げてもらう運

(2) 横から支えてもらう運

(3) 下から持ち上げられる運

能力のある人は、だいたい自分の力を頼りにします。だから、独りよがりになりがちで、人の言うことを聞きません。結果的に、自分のやりたいことを押し通そうとして、途中で挫折したりしてしまうのです。

運のいい人にも、いろいろいます。

目上の人に可愛がられ、引っ張り上げてもらうのが上手な人もいます。一生懸命に頑張るので、その人たちは目上の人に決してこびるわけではありません。逆に、こびるのがうまい人は、かえって目上の人に可愛がられてしまうのです。逆に、こびるのがうまい人は、かえって、偉い人から嫌われるでしょう。

ただ、目上の人に可愛がられるのはすばらしいことですが、それだけでは成功できません。なぜなら、会長に可愛がられても、部長には嫌われる、同僚たちからは浮いてしまうということがあるからです。

一方で、友人や同僚にとても応援される人がいます。同年代の友人が多く、まわりが放っておかないタイプです。

友達が結婚するときに、相手の両親が反対しているということを聞いた私の知り合いは、そのご両親の家まで押しかけて、彼がいかにすばらしい人物かということをとうとうと話したそうです。友人たちの印象もよかったのでしょうが、そこまでしてくれる親友がいるということに、感激してくれて、結婚の許しが出たそうです。

こういうタイプの人は、友人思いで、同年代の支持を受けています。
最後のタイプは、目下の人や年下の人に尊敬されて、持ち上げられる人です。後輩や年下の面倒見がとにかくよくて、何かあれば、すぐに駆けつけてくれる後輩がいっぱいいるのです。
理想は、目上の人から気に入られ、同世代の友人から好かれ、下の人たちからサポートされることです。まずは「3つの運」を意識することから始めてみてください。

人間は、優れた仕事をするためには、自分一人でやるよりも、他人の助けを借りるほうが良いものだと悟ったとき、その人は偉大なる成長を遂げるのである。

アンドリュー・カーネギー

20 自分の行動の中にしか運は生まれない

運がよくなりたい、ラッキーな人生を送りたいという人の多くに同じ特徴があります。それは、彼らが、他力本願《たりきほんがん》なことです。

運さえあれば成功できるのに、楽ができるのにと思っている人には、残念ながら、運はやってきません。

なぜかといえば、運は、とことんやれることをやっている人にプレゼントされるボーナスのようなものだからです。

「運さえあれば何もしなくていい」というのは、大きな勘違いです。しかし運頼みで生きる人には、運がいい人の努力が見えません。

一夜にして成功するという言葉がありますが、そんな奇跡は滅多に起こりません。

ある有名な映画俳優が、授賞式で、「人は私が一夜にして成功したと言うが、その夜は20年も長かった」と語ったそうです。

もし、本当に一夜にして成功してしまったとしたら、その後よほど努力して挽回しないと、その成功は長続きしないでしょう。

慌てて、与えられた運に見合うだけのことをするべく、頑張るしかありません。運の帳尻は合わせなければならないのです。

運は、動きの中にしか起きません。

運が悪い人は、たいてい動きがなく、停滞している人です。

一方で、運のいい人は、たえず、いいリズムで動きつづけています。

だから運気アップのためには、動きをつくることです。

たとえば、体を動かすのもいいでしょう。

いい映画を見て、心を動かす（感動する）のもありです。

散歩したり、旅行に出たり、人に会ったり、人生にリズムをつくるのです。

自分の中に動きが出てくると、感じ方も変わってきます。「何かやってみようかな」という気分になるのです。気軽に出かけたり、友人に連絡したり、フットワークが軽くなってきます。

こういった動きが、あなたの運のよくなるスイッチをオンにするのです。

生きるとは呼吸することではない。行動することだ。

ジャック・ルソー

21 運がいい人も、すべての運がいいとは限らない

運といっても、いろいろな種類のものがあります。「金運」「恋愛運」「仕事運」といったものもあります。

どんなときも、いい仕事に恵まれて、簡単に成功していくように見える人がいます。格別に容姿端麗というわけでないのに、モテる人がいます。学歴が高いわけでもなく、頭もそんなに切れるわけでもないのに、出世したり、お金に恵まれる人もいます。

彼らは、不思議に、それぞれの分野の運がいいのです。

先日、私のセミナーでおもしろい質問がありました。「家族やパートナーシップは最高なんだけど、お金が思うように入ってきません」と言うのです。

世の中には、まったく逆の人もいます。

そこで、その質問者に聞いてみました。

「今の奥さんとは、幸せになれると思っていましたか？」

すると、「もちろん、疑ったこともありません」と言うのです。

「では、男女関係でうまくいくのに、お金がしっかり流れてくると、どうして確信できないのでしょうか？」と聞くと、彼はハッとして、自分がお金に対しての信頼感を持っていないことに気づいたのです。


お金、仕事、恋愛、健康などに、たしかに運というものは存在します。

ほとんどの人は、どれかの運を持っていて、別の運が弱かったりします。

兄弟姉妹でも、全然違う種類の運を持っているのです。

そのどれか一つの分野でもいいから、運をつかむことです。

それができれば、ほかの分野にその運を波及させることはそんなに難しいことではありません。

しかし、大半の人は、自分の運をバランス悪く使うので、人生が展開していきません。

たとえば、仕事運を使いすぎる女性は、恋愛運、家族運を下げがちです。仕事に打ち込むあまり、恋愛のチャンスを失ったり、家族を持たなくなったりするのです。

これは、あきらかに、自分の中にあるエネルギーをすべて、仕事運、金銭運に変えてしまっているために起きる現象です。

すべてを得ることは簡単ではありませんが、可能です。

そのためには、ふだんから自分のエネルギーレベルを上げなければいけません。

自分の人生にある運をどのようにアップしていくのか、バランスを保つのかを考えておくことです。

自分の運を愛さない者には、運は微笑しない。

司馬遼太郎

22 運気は、強いほうから、弱いほうに伝染する

運というのは、おもしろい性質があって、人から人へと伝染します。

いい運を持っている人は、まわりの人の運を上げ、幸せにすることができます。逆に、運の悪い人は、まわりの運をどんどん下げていきます。

会社が倒産したり、誰かの羽振りが悪くなると、パッと蜘蛛《くも》の子を散らすように人がいなくなるというのは、みんなこの法則を感覚的に理解しているからです。

伝染に関しては、もう一つ、おもしろい法則があります。

それは、運の伝染は、強いほうから弱いほうにいくということです。

たとえば、すごく悪い運の人が一人いれば、多少は運がいいという人の分ま

で飲み込んでしまいます。

人間力がないうちは、パワフルで運の悪い人に近づかないほうが無難です。

逆に、運のとてもいい人は、多少運の悪い人と出会っても、その人の運を一瞬にしてよく変えることができます。

だから、運のいい人は、まわりの人の運をよくしてあげる責任があるのです。

それをするのに大した苦労はいりません。

運のいい人が一緒に時間をすごすだけで相手の運は一気にアップしていきます。そうやって、まわりの人の運を簡単に上げられるので、ぜひ多くの人を助けてあげてもらいたいと思います。

自分の人生だけでなく、
他人の人生も高めてあげなさい。

マーシャ・シネター

第3章

人生の好機を逃さない

23 運のいい人は自分を楽しませる方法を知っている

運を上げるのに、難しい知識はいりません。自分が楽しいこと、気持ちのいいこと、人の役に立つことをやればいいのです。

おすすめの一つが、運がよくなる環境づくりです。

あなたがふだんいる場所の環境を楽しく、気持ちのいい空間にするのです。

整理整頓は当たり前として、お花を飾ったり、アロマを焚《た》いたりしてみましょう。

あなたは今、快適な環境を手に入れるのに、お金をどれだけ使っているでしょうか。

人は、節約モードになると、お花を飾ったり、アートを楽しむことをやめてしまいがちですが、誰にでもできる運気アップ法は、日常を楽しくすることです。
そのためには、身の回りをきれいにしたり、友人と楽しい時間を過ごしたり、とにかく人生が「快適な空気」で満たされることだと思っています。

最初は、お金と時間のかからないことから始めてください。そして、それから徐々に、自分の人生を大きく進めてくれるようなことに投資しましょう。自分がワクワクしたり、深いところから情熱を感じられるようなことにはお金をかける価値があります。

人生は楽しむためにあります。あなたが、最高に楽しい！　と毎日感じられるようになれば、その投資を何倍も上回るお金がやってくるでしょう。

毎日の中で、いちばん無駄に過された日は、
笑わなかった日である。

シャンフォール

24 運が下降気味のときは、運がよかったときのことを思い出す

人生にはいろいろな波がありますが、何をやってもうまくいく時期があります。また、何をやっても調子が出ないときもあります。

そんなときは、ちょっとお休みして、次に何をやりたいのかをじっくり考える時期だと割り切ればいいのです。

運が下降気味のときは、自分の運がいちばんよかったときを思い出してみましょう。

それは、遠く小学生の頃かもしれません。また、高校、大学時代だったかもしれません。また、社会人になりたてのある時期かもしれません。

自分がいちばん輝いたときを思い出すと、そのときの感覚、世界観、人間関係のノリなどが、よみがえってくるでしょう。

それを今の自分に取り入れるのです。

「ツイている人」とつき合うと運気はアップしますが、もっとも身近な人は、過去のツイている自分です。

今までの人生でいちばん楽しかったとき、ノッていたとき、何をしていましたか？

どこにいて、何をやっていた頃、ワクワクした毎日を送っていたのでしょう？

私の場合は、人に囲まれていたり、英語を話して外国の人と楽しくおしゃべりしているとき、いちばんワクワクしました。

また、旅に出ているとき、エネルギーが最大限アップしていた感じがします。

ツイていた当時を思い出し、自分のエネルギーがアップすることをやってみてください。きっと、あなたの運気も変わると思います。


自信は成功の第一の秘訣である。

エマーソン

25 つき合う人の幅が広く、深い人ほど運が開ける

運気をアップさせるのに、簡単で早い方法があります。

それには、つき合う人を変えることです。

前に、運のいい人と悪い人はそれぞれグループをつくっているという話をしましたが、あなたもあるグループに属しているはずです。

ふだん一緒にご飯を食べたり、遊ぶ仲間がそうなのですが、だいたい自分と同じような職業、収入の人でしょう。あるいは、同じような考え方、行動力、人脈力を持っている人とつき合っているはずです。

今つき合っている人たちと違う種類の人と、つき合ってみましょう。

違う職種、収入、人種、国籍の人とつき合ってみると、いかに自分が制限さ

れた感覚の中で生きているのかわかります。

私も、できるだけいろいろなタイプの人とつき合うようにしています。食事に誘う人も、この数年家に引きこもっている人から、年収数億円の大会社の社長、主婦、アーティスト、大学教授、サラリーマンやOLなど、多様です。

ふだん、つき合わない人たちとつき合うのは、最初は少し違和感があるかもしれません。でも、頑張って、つき合ってみるのです。

あなたのつき合う人の幅が広く、深くなるほど運は開けていくのです。

友と知己とは、幸運に到達するための確かな旅行免状である。

ショウペンハウエル

26 「強運になりたい」と願いすぎると、幸せを逃す

幸せと運は、似ているところがあります。

それは、あまりにもそれを強く願うと、取り逃がすことです。

幸せになりたい、運がよくなりたいと思うこと自体はいいことです。

しかし、あまり強く思いすぎると、かえって、「今は運が悪い」ということを無意識のうちに受け入れてしまうことにもなります。

「今は運が悪いので、よくなりたい」という思いの前半部分が潜在意識に深く入ってしまって、ますます運の悪い状況を引き寄せてしまうのです。

幸せも同じです。

「幸せになりたい！」とあまりにも強く思っていると、今の幸せを取り逃がし

てしまいます。

自分には運がない、不幸だという人は、「今の幸せ」を忘れがちです。

健康である、住むところがある、家族がいる、仕事がある……こうしたことに対する感謝を棚上げにして、それよりも、今の収入が理想より低いこと、家族とコミュニケーションが十分でないことなど、不満な点ばかりに意識がいってしまうのです。

幸せも、運も、気づくものであって、獲得するものではありません。

「自分は幸せだな」と気づいて、静かに感謝できることが、さらなる幸せをつくり出します。

内なる自分を見つめると、実は望んでいるものをちゃんと所有していることがわかる。

シモーヌ・ヴェイユ

27

「お願い上手」に、運は集まる

世の中には、何が何でも自力でやらなければ気がすまないという人がいます。

その一方で、まわりの人に助けられ、成功している人もいます。

運のいい人は、まわりを巻き込むのがとても上手です。


私のメンターは、自分でできることも、あえてまわりでできる人を探して、その人たちにうまくお願いしていました。

自分でやったほうが何倍も早いし、経済的にも安くあがるのになと疑問に思いました。

そこで、「なぜ、そんな手間をかけるんですか?」と聞いたところ、おもしろい答えが返ってきました。

「それはね、うまく助けてもらうチャンスをつくっているんだよ。自分でやることもできるけど、わざわざお願いすることで、この人を助けてやろうという気になってもらうんだ。

気持ちのいい関係をつくるために、仕事はあるんだよ。そうやって、人間関係をつくっておいたら、いざというときに、彼らが助けてくれるんだよ」

運は、上手に助けてもらう人のところにやってくるのです。
自分でできることも、気軽にお願いして助けてもらいましょう。

仕事は仲間をつくる。

ゲーテ

28 迷ったら、直感とシンクロニシティーで前に進む

運を語るとき、絶対に避けて通れないのが、直感です。

今まで、大成功してきた人たちにインタビューすると、必ず、「そんな偶然あるの!?」という突拍子もない話が出てきます。

たとえば、小さい頃に可愛がってもらった近所のおじさんと10年ぶりにばったり道ばたで会ったら、その人が取引先を紹介してくれた、などがそうです。

『運のいい人、悪い人』（角川書店）の中に、こんな話が紹介されています。

ダイヤモンドビジネスで成功したヘルツバーグは、引退を考えていました。あるとき、ニューヨークのプラザホテルの前を歩いていたとき、ある女性が「バフェットさん」と呼ぶのを聞いて、あの世界的投資家のバフェットかと思

い、勇気を持って話しかけました。実際に、その人物は、バフェットだったのです。

翌年、彼は、自分の会社をバフェットに売却することに成功しました。

そんな話を読むと、「やっぱり成功する人は運がいいんだな」と思うかもしれません。でも、そうではありません。

チャンスに対する感覚を研《と》ぎすませていると、目の前に不思議な偶然が通りすぎているのが見えてきます。

「目の前のチャンスに気づく」かどうかなのです。

道に迷ったら、心の中でささやく声に耳を傾けて。
あとは突き進むだけ。

ゾラ・ニール・ハーストン

29 チャンスが来たら、とにかく飛び込め

私は、これまでに、運の強さと人の縁だけを頼りに生きてきました。そして、いつもチャンスの課題を与えられ、それをクリアしていくうちに、いつの間にか力もつくようになっていたように思います。

まわりを見ても、チャンスを生かせる人は、どんどん成功しますし、そうでない人は、ずっと変わらないままです。

何が違うかと言えば、チャンスが来たときの飛び込み力です。

思い返せば、学生時代にアメリカに行くときの面接も、英語力が必要と書いてあったけど、気にせず剣道の竹刀《しない》を振り回し、度胸《どきょう》と愛嬌《あいきょう》で選んでいただきました。

大金持ちが集まるパーティーで、講演させてもらえるチャンスが来たときも、「自分は英語もできないし……」と思いましたが、すぐに引き受けていました。

22歳で、大物政治家とアメリカの政府高官の非公式通訳をするチャンスが来たときも、エイッと飛び込んでいき、それが後に独立への道につながりました。


成功した人の伝記を読んでみても、ほとんどの人が、「そんなことを引き受けてよいの?」というようなことにYESと言ってみたり、大胆な行動に出ています。世界一のお金持ちのビル・ゲイツは、20代のとき、まだつくってもいない製品の契約をして、その後の成功の基礎を固めています。

やれるかどうかわからないとき、チャンスの神様は、あなたの度胸を試すのです。


機会が二度、君のドアをノックすると考えるな。

ジャンフォール

30 自分の中の葛藤を「運の発生機」に変える

運は、エネルギーの動きがあるところで発生します。言い換えれば、摩擦が起きるときに発生すると言ってもいいでしょう。

人と人が交わるところに、活気が生まれます。昔から、人の流れが多い町で商売をやったほうが成功しやすいのは、そこには運があるからです。

人の気を集める人は「人気者」といわれます。人に元気を与えたり、勇気を与えたりする人が、運のある人です。

運を高めたければ、自分から、そういうエネルギーをつくり出せばいいのです。

なかでも、いちばんパワーがあるものは自分の心に起きる葛藤です。その葛藤を摩擦の力として、自分の運気を活性化させればいいのです。


成功したいという自分と、成功したくない自分。

前に進みたい自分と、引きこもっていたい自分。

愛されたい自分と、愛されるはずがないと思っている自分。

この葛藤をうまくエネルギーのぶつかり合いとして、摩擦力に変えたとき、運気がアップしていきます。悩んだとき、苦しいとき、迷ったとき、そのエネルギーはすべて次のステージで情熱のガソリンになります。

「まあ、いいか」と思わずに、徹底的に悩み、壁にぶちあたればいいのです。

自分の中にある葛藤を運のエネルギーに変えましょう。


生身で運命と対決して歓喜する。

それが本当の生命感。

岡本太郎

31 欲望をコントロールできる人が運をつかむ

運のいい人は、透明感のある人です。

自分だけのことを考えず、まわりのことを考えられる人です。そういう人は、自分を後回しにしているわけではなく、自分と他人との境界線をわきまえているのです。

私たちのほぼ全員が、自分の中に毒を持っています。

それは、「ちやほやされたい」「有名になりたい」「お金持ちになりたい」「モテたい」「美しく（かっこよく）なりたい」など、きりがありません。

人を押しのけてでもいいから、自分だけいい目をみたいという欲望みたいなものをコントロールできなければ、運気を逃してしまいます。

人が身勝手に見える行動を取る裏には、恐れ、無価値感、嫉妬があります。

それは、毒のようなもので、どんな人の心の内にも潜《ひそ》んでいます。

そんなものは、自分にはないとごまかすことはできますが、そうすると癒されないまま、何かの拍子に表に出てくるのです。

逆に、その毒を積極的に認めてあげると、自分を癒すことができます。

自分は、そんなに自信がなかったんだ、安心感が欲しかったんだと認めてさえあげれば、ずいぶんと落ち着くものです。

自分の中にある毒を癒しましょう。


われわれの心には二つの扉がある——欲望と恐怖と。

アウグスティヌス

32 運のいいメンターを持つことで、いい運を学ぶ

私がお勧めしたいのは、すばらしいメンターを持つことです。

メンターとは、人生を導いてくれる先生という意味ですが、昔は師匠、弟子という関係性がもっと大切にされていました。

武道のみならず、歌舞伎、茶道、落語などの伝統芸能、大学の教授、職人の世界でも縦の上下関係のラインは明確でした。

もちろん、封建的だという捉え方もあるかとは思いますが、私は、物事を習得していくプロセスとして、メンターにつくというのは、大切で効率的だと考えています。

なぜなら、一度やったことがある人に教わるのが一番、簡単だからです。

自転車に乗ったことがない人が、自力で乗ろうとするのと、乗れる人に乗り方を教わるのと、どちらが早いかを考えれば、すぐにわかります。しかし、ほとんどの人は、一人で頑張らなくちゃと思い、自力で人生を生きています。

私は、楽しくて充実した人生を生きるためには、自分のことを大きな視点で見て、深いレベルで信頼してくれるメンターが必要だと思います。

私がメンターについて教えられた一番のことは、運についてです。

なかでも運のいいメンターは、ノウハウやスキルだけでなく、運の活用法も自然と教えてくれます。

運がよいメンターにつくことは、成功への近道といえるでしょう。

書を読まば最上の書を、師を択《えら》ばば第一流の人を。

落合直文

第4章

幸せな人生に導かれる

33 運がいいからといって、幸せになれるわけではない

私が運について真剣に意識しだしたのは、中学に入る前でした。

祖父がお酒の飲みすぎのために40代で亡くなり、父も私が小学生の頃に危うくお酒が原因で死にかけたこともあって、運命について考えはじめたのです。

子どもらしくない子どもだったと思いますが、おかげで、人生をいろいろな角度から見る訓練ができたし、「自分がどう生きたいのか」を早くから考えることができました。

世間一般の考え方だと、「運はいいほうがいいに決まっている」と思うでしょうが、そんな常識も、果たしてそうか？　と当時から疑っているところがありました。

実際に、今までお金持ちを間近で見て、必ずしも幸せではないと思いました。父のまわりの「成功しているけど、みじめな大人」を見てきて、成功＝お金＝幸せという図式を素直には信じられませんでした。お金持ちになると、お金があることで、いらない心配をしたり、失うものもあったりして、ストレスはかえって多くなります。

同じように、運がいいからといって、すぐに幸せに直結するわけでもないのです。なぜかというと、運というものは、よすぎると、必ずその反動が来るからです。

あなたのまわりで、すごく運がよかったのに、ある時点から急に転落した人はいませんか？

また、出世したり、いい結婚をしたり、経済的にうまくいきだして、性格が変わってしまった人を知っているかもしれません。

傲慢にならないためには、世間的な成功は運がもたらしたもので、自分の実力ではないと考えておくことです。

運を持続させるためには、あなたの器を大きくする必要があります。

運がいいと、人は慢心します。

それが、まわりの不評を買って、結果的にマイナスになるのです。強すぎる運も、人を不幸にします。勝った分だけ、まわりが負けたと感じ、あなたを避けたりするかもしれません。

一時的なラッキーを自分の実力だと思って勘違いしていると、あるとき、急に足下をすくわれます。

運がいいときほど、落とし穴がないか、用心深く進みましょう。

すべての人は自己の運命の創造者である。

スティール

34 運を小出しに使う人は、幸せになりやすい

10代で成功した映画俳優やミュージシャンの中には、アメリカでも、日本でも、ヨーロッパでも、後に、麻薬、アルコール中毒になり、ダメになる人がいます。また、何百億円も稼ぐスターやスポーツ選手でも、いったんピークを過ぎると、簡単に破産する人がいます。なぜでしょうか？

それは、「運をいっぺんに使いすぎた」の一言に尽きると思います。

世間でも一度ブームをつくると、そのブームはしばらくして消えてしまいます。ブームの渦中にいると、それが見えません。注文が殺到したので、工場を新設して、従業員を大量採用して、フル操業体制になった頃には、そのブームは去ってしまうのです。史上最高の利益を達成した会社は、たいていそこからダ

メになっていきます。

会社の出世競争でも、若い頃からずっと一番で走ってきて社長になる人は、少数派です。どちらかというと、何度も左遷されて、派閥争いにも負けたような人が急に抜擢《ばってき》されたりするのです。


一人で勝ちすぎると、負けた人の気持ちに心が添えなくなります。まわりに対しても、上から目線で物を言ったり、考えたりするようになります。

一気に運を使った後は、運を充電することも忘れないでください。

人を助けてあげたり、寄付をしたり、楽しいことをしてください。

運の垂れ流しをしていては、命運が尽きたということになってしまいます。


自らの運命をコントロールせよ。

さもなければ、他人にコントロールされるだろう。

ジャック・ウェルチ

35 運と縁が、人生の質を決める

私は、ごく小さい頃から、人生の成功とは何か、幸せって何？　ということにとても興味がありました。成功した税理士であり、経営者の父が、全然幸せそうでないのを見て、人生の意味をずいぶん前から考えるようになりました。「成功すれば、お金持ちになれば幸せになれる」という幻想は、物心ついた頃には消えていました。逆に、「お金があると人は不幸になる」と思っていたほどです。

私が、これまでずっと「人が幸せになる方法」を躍起になって追い求めたのは、小さい頃の原体験から来ていると思います。

人は、どれだけ資産を築いたか、社会的に成功したかでは、幸せになれないと私は考えます。

幸せには、もちろんいろいろなかたちがありますが、すばらしい人との出会いを通じて、自分のことを知り、才能を分かち合うことで、まわりの人に喜んでもらう、結果としてお金もついてくるような人生が、その一つだと考えるようになりました。

つまり、よい運と縁を持つことは、幸せな人生を手に入れる鍵なのです。

大好きな人と一緒にいることです。尊敬できる人と一緒に仕事をすることです。楽しい人をお客さんにすることです。

人生は、誰と会って、何を感じ、どう行動するかで変わってきます。

いい運と縁を求めてください。

行く先々で出会う皆さんの思いやりのおかげで、
ものごとがいつもうまく進んでいきます。
ヘレン・ケラー

36 行動の裏にある動機の質が、人の幸せ、不幸を決める

運は、台風のようなパワフルなエネルギーです。

そのおおもととなっているものが、どういうエネルギーで、できているかで、その運の性質も決まると言っていいでしょう。

たとえば、そのエネルギーの中核が、「人のことを押しのけてでも儲けたい」という欲のエネルギーの場合、それは、欲望の渦となって、台風のように大きく拡大します。

今起きつつある資本主義の大きな変化は、そうした欲得のエネルギーが極度に肥大して、それが一気にクラッシュしたことによるものといえるでしょう。

この数年でその恩恵を被《こうむ》った国、会社、地方、個人ほど、そのエネルギーが去っていくときに、痛手を受けています。

では、発生したエネルギーの性質が愛ならどうでしょうか?

たとえば、マザー・テレサが始めた愛と癒しの活動のエネルギーは、多くの人を巻き込みながら、世界中の人を幸せにしていきました。

マンデラ、ガンジー、キング牧師などの指導者がつくり出したエネルギーは、今でも世界を変え続けています。

現在、世界は混沌《こんとん》としていますが、私たちがどういうエネルギーをつくり出すのかで、将来が決まると思います。

大切なのはどれだけ多くを施したかではなく、
どれだけ多くの愛を込めたかです。

マザー・テレサ

37 運の強すぎる人とは、適度な距離を保つ

世の中には、強運の人がいます。

運のいい人とつき合うようにというアドバイスがありますが、私はそのアドバイス通りに、いろいろな成功者の身近にいるようにしました。

そうやって、強運の人たちの家やオフィスに出入りする中で、おもしろいことに気づきました。

それは、運のいい人にも、まわりを幸せにしながら成功していく人と、まわりを不幸にしながら成功する人の2種類いるということです。

私がしばらくいろいろな教えを受けていたビジネスマンは、すごいパワフルで、まわりを威圧《いあつ》するような雰囲気を持っていました。そのときの気分でワッ

と怒ったり、怒鳴《どな》り散らしたりしていましたが、まわりは我慢している様子でした。よく見ると、そのオフィスの人たちは、病気になる人が多く、辞めていく人も続出しました。

パワフルにビジネスをやっているタイプは、一瞬強運に見えますが、彼らは、ブラックホールのようにまわりからエネルギーを集め、まわりから運気を吸ってしまっているとも言えます。こういうタイプは、一時はよく見えても、そのうちにダメになっていくことが多いようです。

人の運気を吸い取る強運吸引機タイプの人には、くれぐれもご注意を。

あるものを正しく判断するためには、
それを愛した後、いくらか離れることが必要だ。

ジード

38 運の悪い人を助けてあげると、飛躍的に運がよくなる

運に関して書かれている本を読むと、よく出てくるのが、「運のいい人とだけつき合うように」というアドバイスです。

「運の悪い人とつき合っていたら、あなたも運が悪くなる」というのですが、私はどうもこの考え方には違和感を覚えます。

運の悪い人を避けようとするのは、「自分だけよければいい」という、どこか自分勝手さを感じるからです。

運の悪い人とつき合ってはいけないということなら、運の悪い人は、誰とつき合えばいいのでしょう？

私は、若い頃、縁のある人を助けることが、運気をアップさせることにつな

がると教わりました。

特に運の悪い人、困っている人を助けてあげることは、運を強力にする方法です。必要以上に、彼らを避けていると、せっかくの運を逃がすと私は思います。


不運のとき、人から受けた親切を、人は一生忘れません。運の悪い人がいたら、「よし、運気アップのいいチャンスだ」と考えるといいでしょう。


自分よりも、目上の人、成功している人とだけつき合おうとする人が、上昇志向の強い人の中にいますが、これも、ちょっとあさましい感じがします。

上の人とばかりつき合おうとする人は、そういうことがわかっていません。

結果的に、まわりから、「あの人は、実利的な人で、自分にメリットのある人としかつき合わないよ」と陰口をたたかれてしまいます。それでは、運を逃がしてしまうでしょう。

人生は、長い目で見ると、自分よりも目上の人には助けてもらい、自分よりも下の人を助けることで、ちょうどバランスが取れるようにできています。
運の悪い人、今トラブルに見舞われている人にも、あなたの友情の手をさしのべてあげてください。特に、運がいいというあなたは、誰かを助けてあげる力があるはずです。その力を使うたびに、あなたの運気もアップします。
誰かを助けてあげられることに感謝する余裕を持ちましょう。

他人のために尽くすことによって、
自分の力を量ることができる。

イプセン

39
「運のおすそ分け」を心がける

幸せに生きるためには、実はあまり多くのものは必要ではありません。愛する人、何でも話せる友人、快適な住居。自分らしさを表現できるライフワーク、必要な物を買うお金ぐらいです。

もっとお金を稼ぎたい、もっと認められたいなどの欲望に身を任せると、自分を滅ぼすことにつながります。なぜなら、そういったものには限りがないからです。

幸せに生きるために、大切なメンタリティーは、自分の持っているものを分かち合うことです。それは、あなたらしさ、才能、お金、友情などです。出し惜しみすることなく、それを分かち合えば分かち合うほど、あなたの影響の輪は大きくなっていきます。そして、それがあなたの幸せと運をより確かなものにしてくれます。

何かをもらったときは、身近な人と分かち合うこと。予期せぬお金やチャンスがやってきたときには、それを独り占《じ》めしないことです。

たとえば、100万円の宝くじに当たったとき、それをすぐ貯金してしまう人に、金運はそれ以上やってきません。

宝くじに当たった幸運を親しい友人や仲間、お世話になった人を食事に招待するなどして、みんなと分かち合えばいいのです。

運のおすそ分けができる人には、もっとすばらしい運がやってくるでしょう。

人に与えて、己いよいよ多し。

老子

40 お金と男女関係のトラブルは、運気を落とす2大原因

たいていの人は、知らないうちに、運気がアップしていたり、ダウンしています。

その多くが、お金か、男女関係がらみで起きています。

人が、ぐんぐん成功していくときには、お金と男女関係のエネルギーがやってきます。芸能人やスポーツ選手などの中には、売れっ子になりだすと、下積みを支えてくれた奥さん、旦那さんと別れたりする人がいます。

すると、あれほど順調だった運命の波が、あっという間に下降線をたどるということがあります。

彼らがそうなるのは、お金と男女関係の運の管理を過《あやま》ったからです。

お金に関して、いい加減なことをやっていると、運を一気に逃がします。また、男女関係で不誠実なことをやると、同じように、身の破滅を招きます。

時間に遅れたという理由で命を取られたなんて聞いたことがありませんが、お金や男女関係のトラブルなら、そういうことは起きます。

なぜなら、お金や男女関係は、その人の生存本能にも関わるようなことで、感情のもっとも深いところが揺り動かされるからです。

命を取られないまでも、嫉妬、陰口だけでも、運にはマイナスです。お金と男女関係で運を落とさないように、くれぐれもご注意を。

友情と恋愛とは人生の幸福を生み出す。

ヘッペル

41 どんな人にもある「心の闇」が運を落とす

人間の心は、複雑にできています。運がちょっといい人は、このあたりを理解していないことがあります。もともと純粋な人が多いので、なぜ人は嫉妬するのか、足を引っ張ろうとするのかがわからないのです。

運をよく保つためには、人間の心に潜む闇の部分を知る必要があります。

なぜ人は嫉妬するのか、憎しみの感情を持つのかということを知らないでいると、見えない悪意におびやかされることがあります。

私は、若い頃、メンターに成功するための秘訣とともに、成功への階段を上っていくそれぞれのステージで、何をやればいいのかを教えてもらいました。

その一つが「人間の心の闇を知ること」でした。

頑張って上しか見ていない人は、下から、密かにやってくるゲリラのようなこの種の嫉妬を、まったく意識していません。

自分が苦しいところを、楽々と上っていく人を見たら、意地悪してやりたくなる——自分ができないことを楽々とやっている（ように見える）人に対して、反感や妬みの感情が生まれるのは、人間の心の動きなのです。

前向きで素直で、非の打ち所のない人が運を落とす原因は、たいていこの嫉妬です。

運がいい人は、自分が勝ちすぎていないか、自分に光が当たっているせいで誰かが陰に入っていないか、ふだんから意識しておきましょう。

光源の放つ光が明るいほど
照らされる物体の作る影は濃くなる。
レオナルド・ダ・ヴィンチ

第5章

最強の運を呼び込む

42 チャンスに出会わなかった人は、一人もいない

この世界には、チャンスが満ちあふれています。それを見つけられるかどうかは、自分次第です。

私がチャンスに関して、一生の宝物として胸に刻んでいる話があります。

20代の頃、父と和解ができはじめたとき、将来の進路について相談したことがありました。

「独立して自営業でも生きていけるのか？」という質問をぶつけました。

「実は、自分も若い頃、先輩の税理士に相談したとき、もうマーケットは飽和《ほうわ》して、いまさらやっても無理だからやめなさいと言われたんだ」と父は教えて

くれました。

しかし、父はそこから奮起して、試験に合格して、20代で開業して順調にクライアントを獲得していったのです。

私は、そのストーリーにとても勇気をもらいました。

私が本を書き出した11年前。ビジネス書のマーケットが飽和してきたということで、ある方が、「もうすべてのテーマが書き尽くされたよね」と言っているのを聞いてドキッとした覚えがあります。

しかし、それから何千冊という本が出され、ベストセラーもたくさん出ています。

本当のことを言うと、もう自分が本を書かなくてもいいのではないかと思うことが、今でも時々あります。

でも、そんなときは、父の言葉を思い出し、少なくとも自分が伝えたいと思うことがあるうちは続けていこうと思います。

チャンスをつかむには、いろいろな感覚を発達させる必要があります。

チャンスを見つけたり、時代の先を読む視力。

お金の流れの音を聞く聴力。

人を惹きつける流行の臭いをかぎ分ける嗅覚。

そのチャンスをつかんでいいかどうかの直感力。

そういう力をつけていくと、チャンスがつかめるようになってきます。

もう世の中にはチャンスが残っていないような気がするとき、この話を思い出してください。

チャンスは、実は、どこにでも転がっているものです。


誰でも機会に恵まれないものはない。

ただそれを捕えられなかっただけだ。

カーネギー

43 自分の使命に気づいたとき運は一瞬にして広がる

私は、運をよくするいちばん簡単でパワフルな方法は、自分の使命に気づくことだと思います。

世界中、どんな人にも、今回の人生でやるべき課題があると私は考えています。

その謎解きの鍵は、本人の才能に隠されていると思うのです。

自分を幸せにできるかどうかは、自分の才能が何かを見つけ、それを勇気を持って開発していくかどうかにかかっています。

その人らしさを見つけ、才能を研ぎ澄ませ、世の中の人と分かち合えば分かち合うほど、経済的にも、精神的にも、その人は豊かになっていきます。

心の平安や富を実現している人とお会いするたびに、そう感じます。

自分自身のことをふり返ってみても、自分の才能といったものを見つけ、自分は誰かを知った瞬間から、運が一気に広がっていきました。

それまで人生の方向性も見えなかったのが、霧が晴れるように視界が広がり、本当にやりたいこと、やるべきことが理解できたのです。

運を呼び込むことは、人生の目的を持つこと、自分の使命を知ることだと私は思います。

使命には、それぞれ形があります。その形をどう作っていくのか――。

自分は誰なのか、今回の人生の使命は何かに意識を向けてみましょう。

運命に定められた道を進むとき、
なすべきことを愛するとき、
人は内に秘められたすばらしい力を発揮する。

マーシャ・シネター

44 平凡な人生に「ノー」と言うことが強運への道

運をよくして最高の人生を生きたいと願う人は多いと思います。

しかし、その考え方は、あくまでも他力本願で、自分から行動を起こす人はごく少数派です。大きく変化していくときに、リスクを冒《おか》さなければ、何も始まりません。

たとえてみれば、ターザンが森の中を木のツルにつかまってスイングして、次のツルにつかまるとき、怖いといって前のツルを離さないようなものです。

それでは、ただの空中ブランコです（笑）。

運がいいということは、平凡な人生とは逆になります。怖いけれど、とことん自分の可能性を追求していきたいという人には、まず最初にやらなければいけないことがあります。

それは、平凡であることをあきらめることです。

いや、もう少し強い言葉を使うと、平凡であることを拒否するのです。

一人だけ目立ったり、まわりから飛び出すと、不安を感じるかもしれません。

しかし、平均点でいることにノーと言えなければ、自分で運気の波を起こして、成長していくことは不可能です。

リスクを冒して飛び込まないと、運をつかむことはできません。

価値あるものを手に入れたければ、
それ以外のすべてを捨てることも必要かもしれない。

ベルナデット・デブリン

45 人生はどれだけ愛し愛されたか、勇気があったかで決まる

「愛と勇気とサムマネー」

これは、チャールズ・チャップリンが残した言葉です。

人生にとって大切なのは、社会的に活躍することやお金持ちになることではありません。それは、すばらしい人生を生きたことへのおまけのようなものです。

どれだけ愛したか、愛されたか、勇気を持って人生を生きたのかが、本当の価値だと私は考えます。

自分が死ぬとき、後悔することは何でしょうか？

自分のビジネスをやらなかったこと？

結婚しなかったこと？　大好きなことをやらなかったこと？

後悔しない毎日を送ること、それが運を高めていく生き方です。

「お金を失っても、取り返せばいい。

名誉を失っても、信用回復に全力を尽くせばいい。

でも、勇気を失ってしまったら、人生を失ってしまう」

という言葉は、私の人生をずっと導いてくれました。


どんなときも、勇気を持って生きてください。

あなたを理解してくれる人は、今は、まったくゼロかもしれません。けれど、信念を曲げなければ、きっとあなたのことを応援してくれる人は現れます。

多くの成功者がそうだったように、あなたが、最初の一人になってください。

勇気さえあれば、あなたはきっと、自分の夢を実現できるでしょう。

人生における無上の幸福は、
われわれが愛されているという確信である。

ユーゴー

46 雨は、一人だけに降り注ぐわけではない

運が下降気味のときは、どうしても気持ちが沈みがちです。また、やることがすべて裏目に出て、うまくいかなくなる感じがするかもしれません。

そういうときに、自分が無意識に聞いてしまう質問が、「どうして、こんなことが起きるの？」というものです。

でも、そういう質問を自分に投げかけると、次々と、自分の人生をダメにする質問が連鎖的に出てきます。

「なぜ、自分は運が悪いんだろう？」

「なぜ、自分は仕事ができないんだろう？」

自分が本当に行きたい方向に進むためにも、自分の内面の気分をコントロー

ルする必要があります。拙著『ピンチをチャンスに変える51の質問』（大和書房）という本に、人生を変える質問をまとめたので、それを参考にしてください。

そういったピンチのときに、心にしみいるのが、このロングフェローの言葉です。

「雨は、一人だけに降り注ぐわけではない」

不幸や不運は、いろいろな人にやってきます。それは、健康やお金、男女関係、仕事など、外側のかたちが違うだけで、中身は同じ味です。

自分の不運を嘆《なげ》かず、そこからどう人生を展開できるかにフォーカスしましょう。

逆運に屈するなかれ、
それに反対して更に大胆に進め。

ヴェルギリウス

47 限りある人生で、ワクワクすることだけをやろう

「ワクワクすることをやろう」

このことは、運と直接関係がないように見えるかもしれません。しかし、私は、運をよくしていくうえで、いちばん大切だと考えています。

なぜなら、自分の中の力をいちばん高めてくれることが、ワクワクすることだからです。

運気は、波のようなものです。

そして、その波を大きく、深く起こすのが、自分の中の情熱です。

そういった点では、このワクワクはいちばんのパワーを生みます。

ワクワクのエネルギーは、本人だけでなく、多くの人を巻き込んでいくのです。

あなたには、ワクワクして何時間も疲れずに話せることがあるでしょうか？

同時に、まわりもワクワクさせてしまうようなことです。

もし、それができたら、そのワクワクは目の前の人だけでなく、多くの人に広がっていきます。


たとえば、口コミも最初に伝える人が情熱的すぎると、あまり広がりません。

一見もの静かなタイプのほうが口コミ爆発のきっかけをつくることができます。それは「静かなワクワク」のほうが友人から友人へ、一次感染から二次感染するように広まっていくからです。

あなたが熱くワクワクすると相手は引きます。

あなたが熱くなっていくのと反比例して、まわりがその話でどっと疲れているようであれば、そのワクワクは、偽物《にせもの》なのです。

その偽物のワクワクは、あなたもまわりの人も疲弊《ひへい》させ、破滅させる可能性があります。

なぜなら、偽物は、あなたにギャンブルとも言える不必要なリスクを冒させ、失敗させるためにあるからです。

この2つのワクワクの違いを上手に見分けることは幸せの鍵でもあります。

あなたが心からワクワクすること、やっていても疲れないこと、楽しいことをやりましょう。

夢見る力のない者は、生きる力もない。

トラー

48 変えられるのは、自分と未来しかない

私たちが苦しむのは、人生が自分の思ったとおりにならないからです。

それは、仕事上で、人が思ったとおりに動いてくれないという悩みかもしれませんん。好きな人が振り向いてくれない。家族が自分の考えるように振る舞ってくれないといった人間関係のことから、現在の経済状態、自分の健康状態などかもしれません。

その「不幸の源泉」となるものを一つずつ調べていけば、自分に変えられるものと、そうでないものがあるのに気づくと思います。

たとえば、過去を変えることはできませんが、過去に起きたことへの意味づけを変えることはできます。

家族、仕事仲間、恋人、子どもなど他人を変えようと思っても、それは無理です。それがどれだけ不毛なことかは、ほとんどの人が身をもって、体験していることでしょう。

心の平安を得るためには、自分の人生に責任を持ち、自分ができることだけにフォーカスすることです。

私がインスピレーションをいつももらっている祈りをご紹介しましょう。

「神様、私にお与えください。
変えられないものを受け入れる落ち着きを。
変えられるものを変える勇気を。
そして、その2つを見分ける賢さを」

どんな人も、それ自身の未来の建築家である。

サルスティウス

49 チャンスはピンチ、ピンチはチャンス

人生は、じつにバランスよくできています。

いいこともあれば、悪いこともあります。

うれしいこともあれば、悲しいこともあります。

ピンチには、必ず将来のチャンスにつながるようなことが隠されています。

また、うまくいっているときは、必ず将来ピンチを生み出すような要因がそこに潜んでいるのです。


自分の個人的な年表をつくってみてください。そして、これまで起きた印象深い出来事を書いていくのです。

そうすると、今まで起きた幸せ&ラッキーなことと、不幸&アンラッキーな

ことは、交互に繰り返されて、不思議とコインの表裏のようにつながっている
ことがわかると思います。

また、これまで体験した「いいことに潜んでいた問題点」を書き出してみて
ください。

同じように、実際に体験した数々のピンチの中に、どういうすばらしい点が
隠れていたかも書いてみてください。

その年表を見てみると、いろいろなことがあっても、人生で幸せを感じるか
どうかは自分次第だということがわかるでしょう。
チャンスはピンチで、ピンチはチャンスなのです。

扉が閉じたらもうひとつの扉が開く。

グラハム・ベル

50 その人の祈りの強さに比例して運は強くなる

運をよくするということをテーマにお話ししてきましたが、最後は、世界観を持つことの大切さについて触れておきたいと思います。

あなたが、この本を手にしてくださったとき、なぜ「運がよくなりたい」と考えたのでしょうか。

その動機が、あなたがどれだけの運を手にすることができるかを占ってくれると、私は思います。

あなたが、自分のために「もっとお金がほしい」「楽をしたい」と考えるなら、あまり運は見込めないかもしれません。

なぜなら運は、自分だけのことを考える人のところには、やってこないからです。もし、やってきたとしても、運が強くなれば強くなるほど、あなたとまわりの人は、不幸になる可能性があります。

運は、自分勝手さを拡大していくという性質を持っているからです。

あなたの愛する家族や友人のために、もっと稼ぎたい、運をよくしたいと思っていたとしたら、もう少し運がつくでしょう。

もし、あなたが「運をもっとよくして、世界に貢献《こうけん》したい」と考えるなら、信じられないような追い風が吹くと思います。

あなたの夢が多くの人を幸せにするようなものであればあるほど、その応援の力は強くなるからです。

運は、その人の祈りの深さに比例して大きくなるといってもいいでしょう。

自分の利害を超えて生きられる人は、大運をつかむのです。

人は一人だけでは存在できません。

ふだんの生活をちょっと見てみても、信じられないぐらい多くの人がお互いを支え合って、現代の生活が成り立っているのです。

電気、水道、ガスなどのライフラインを無意識で使っていますが、どれだけの人がそれに関わっているでしょう。

ちょっと考えただけでも、数千人の人が、あなたの生活を支えてくれているのです。

そう考えると、会ったこともない人とのつながりに意識がいき、彼らに深い感謝が湧いてくるかもしれません。

自分とつながっている誰かのために、祈りにも似た気持ちで心から奉仕したいと思うとき、その人の運は一気に開きます。

たった一人で見た夢が、
百万人の現実を変えることもある。

マヤ・アンジェロウ

51 最強の運を呼び込む鍵は4つの言葉にある

運をよくするためには、本来の自分に戻ること、エネルギーが湧いてくるような生き方をすることです。

そのためには、運のことをいったん忘れてください。

自分が運がいいかどうかなんて、まったく忘れるほど、目の前のことに集中することです。

そうすれば、ある日、「あなたは運がいいですね」と言われ、自分でも振返って、「そういえば、そうですね。本当にありがたいことです」とさりげなく言う、そんな日がめぐってきます。

私のライフワークの一つは、お金の存在をなくす（少なくとも日常の意識から）ことです。

人がお金は幻だということに気づき、自分の人生でもっとも大切なことに、フォーカスできるような知恵を広めることです。

同様に、運を呼び込むということをテーマにしながら、本書の目的は、運のことをすっぱり忘れてもらうことです。

運のいい悪いにかかわらず、自分の人生を生きていくことにフォーカスできると、すばらしいと思います。

まったく同じ状況でも、自分の不運を呪うこともできるし、生きている幸せを噛みしめることもできます。すべては、あなたの選択です。

100％情熱的に生きながら、バランスの取れた毎日を送るために、プレゼントしたい言葉があります。

ハワイの古代からのヒーリングであるホ・オポノポノを提唱されているヒューレン博士は、この4つの言葉がその鍵だと語っています。

私も、人間としてバランスを取るのに、とっても有効だと思っています。私の解釈も含めて、お伝えしましょう。

「ありがとう」は、恵まれた状況を思い出すために。
「ごめんなさい」は、つい自己中心的に考えて、相手を傷つけたときに。
「ゆるしてください」は、自分のしたことに癒しをもたらすために。
「愛しています」は、人生で縁ある大切な人に、愛を伝えるために。

みなさんの人生がすばらしい体験で満たされますように。

感謝の心が高まれば高まるほど、
それに正比例して幸福感が高まっていく。
松下幸之助

おわりに──だから、最高の自分で生きていける

本書を最後まで読んでくださって、ありがとうございます。

運というテーマは、私の大好きなテーマです。

私は、小学生ぐらいの頃から、人の運の盛衰に興味を持ってきました。

運については、いろいろな本が書かれていますが、本書には、私が、この30年近く「なぜだろう？」と感じていたことをまとめてみました。

運は目に見えない、捉えどころのないものです。

運を教えてもらうようになってから、自分の生活で試してみて、うまくいったことも、うまくいかないこともありました。

うまくいったときには、なぜなのかを考え、逆の場合も、なぜなのかを考えました。
そうやって、少しずつ運をコントロールできるようになってきたように思います。
それと同時に、次に挙げるような「結論」に気づくことができました。
最後にもう一度、まとめておきたいと思います。

□いい運を呼び込むためにできること

1 人間関係をうまく保つ

運がいいか悪いかは、その人の人間関係や人脈の質で決まります。
なぜなら、いい運も悪い運も、人によって運ばれてくるからです。
「この人なら助けてあげたい」と思われる人にあなたがなっているか、「あいつなんて失敗して当然だ」と思われるかの違いです。

あなたが成功したときに、何人の人が喜んでくれるのか、または、何人の人が悲しむのか、イメージしてみましょう。それに応じて、あなたの運は決まります。

2 感情的に安定する

運のいい人、安定している人は、感情的にも安定しています。

感情的にバランスの悪い人、当たり散らす人は、運気を逃します。

あなたが、怒鳴られたり、怒りを向けられたりしたら、相手がどれだけ正しくても、その人のことは好きになれないのではないでしょうか。

感情的に安定しているためには、自分と向き合う知性と感性がなければいけません。

上昇志向の人は、外に意識が向いてしまって、他人のことを気にする人は少ないものです。

また、上から目線で、人を見下す部分がある人は、決定的に運を逃してしまいます。

ある程度成功している人が、急にダメになるのは、こういう部分があるからだと私は考えています。

3 環境をよく整える

運は、気の流れのいい環境で起きます。

快適な空間で時間を過ごし、すてきな友人に囲まれ、お客さんもいい人で、社会的にも認められ、お金に不自由しないような状態があれば、そこには、もういい運がいっぱい発生しています。

オフィスや家が片づいているかどうかとは直接関係がありません。仕事ができる人のデスクは、意外と雑然としていたりします。

本人が快適だと思っている人生を送れるかどうかが鍵です。

運のいい人やパワフルな人は、よく台風にたとえられます。自分の中から運気の風を引き起こすためにも、その風が拡大できるような環境を持つことです。オフィスだけでなく、ふだんの寝室、バスルーム、トイレ、リビングなどが快適であるかどうかも、その人の運の土台をつくると思います。

快適な人生を生きている人は、余分なストレスに惑わされることがありません。

運が人を幸せにする台風だとしたら、その台風がよく発生できるような環境を持っているのかどうかということでしょう。

東京にある私のオフィスでは、芝生の庭で50人規模のガーデンパーティーができるようになっています。おかげで、いろいろな分野で活躍している人たちが、世界中から集まってくれます。また、来る方が、友人を連れてきてくださるので、このような環境を持っていると、人と知り合う運が高まります。

雑誌のインタビューのときでも、担当の方だけでなく、編集部の人が交代で何人も見学と称して、いらっしゃいます。これも、ありがたいことだと思います。

10以上ある部屋の壁は、イエロー、グリーン、ラベンダー、ピンクなどの色で塗ってあり、スタッフの創造性が刺激されるようになっています。

ライブラリー、地下室、屋根裏部屋もあり、退屈しない仕掛けになっています。こうやって、自分も仲間もワクワクするような環境をつくれるかが、運をつくっていく秘訣だと私は考えています。

4 人間について理解する

いくら一生懸命やっても、本人がすばらしくても、「空気が読めない」と運はつかめません。なぜなら、人は、気分で動いているからです。

政治は、その典型的なものと言えます。自分の信じる政策がいくらすばらしいものでも、それをわかりやすく伝えられなければ、選挙では勝てません。

あなたのまわりにもいませんか？ いい感じなんだけど、なんかひとつネジが取れていて、男女関係や仕事で運を逃している人です。

また、正論を吐く頭のいいエリートタイプの人も、尊敬はされるかもしれませんが、まわりから応援されにくくなります。

人が、どういうときに感激するのか、怒るのか、嫉妬するのか、感謝するのかをわかっている必要があるのです。

人間のことを深く理解して、まわりをファンにしていく人は、運をどんどんアップできる人です。

□自分の運を振り返ってみる

私は、小さい頃から運がよく、すばらしい人との出会いに恵まれてきました。与えられた運にふさわしい実力がいつも足りないと思って、一生懸命、その運に追いつこうと頑張っているうちに、時間差でなんとか帳尻が合うような人生を送ってきました。

小学校の頃から、何千人の中からたった数人のうちに選ばれることも、何度もありました。学生時代から、抽選、選挙など、運が関係することは、ありえない確率で当たってきました。

無料の海外ツアーに当たったことも何度もありますし、アメリカでも、くじを引き当てては驚かせ、ホームステイ先のニックネームは、「ラッキーボーイ」でした。

23歳でビジネスをスタートして、今まで一回も就職せず、豊かな暮らしができたのも、運のおかげだと思っています。

私は、11年前、まったくやったことのない「本を書く」ということを始めました。

本は大好きでしたが、書いたことがなかったので、本屋さんに「作家になる方法」という本を買いに行ったぐらいです。でも、10冊読んで、自分にはとてもその才能はなく、本を書くのは無理だと感じました。

しかし、運はいいほうだと思っていたので、本を書く力がたいしたことなくても、運試しをやってみるいい機会だとゲーム感覚で挑戦してみたのです。

どうせ、まったく無名です。あえて肩書きや、大学などの経歴、写真なども出さずに、運だけで勝負しようと思いました。それが、11年前です。

結果的に、たくさんの方に応援していただき、今までに著作は30冊を超えました。プレゼントの小冊子も加えると、じつに600万人以上の方に著作を読んでいただいている計算になります。

これは自分の実力の何百倍の結果だと思っています。応援してくださったみなさんには、本当に感謝しています。

そしてそれは、本に関わってくださっている出版社や印刷所、製本所の方々、書店の方々のおかげであることは言うまでもありません。

そういう意味では、運の先もらいをしたわけですから、これから、今まで受けたみなさんからの応援への気持ちにどう応えられるか、私もそれを試されていると感じています。著作シリーズが300万部を超えたのをきっかけに、全国で無料講演会をやり、一万人以上の方を招待させていただくのも、そのお返しの一環です。

私にとって、本を書くことは、すべての人が幸せに生きる世界をつくっていく仲間への呼びかけのようなもので、そういう方と出会えるのは、この上なく楽しく、ワクワクするような体験なのです。

この本を終えるにあたって、もう一度、お伝えしたいことがあります。

自分の本当にやりたいことをやってください。

ワクワクすることをやってください。

それは、あなただけでなく、あなたに縁のある人にとっても、最高の幸せにつながっていくでしょう。

強運を呼び込むには、自分らしい人生を生き、才能を分かち合い、縁のある人と最高の時間を過ごすこと――それが一番の方法です。

最後になりましたが、これまで、運について、何十人という方に教えていただきました。

特に浅見帆帆子さん、櫻井秀勲さん、竹田和平さん、天外伺朗さん、船井幸雄さん、松永修岳さん、來夢さん、渡邉美樹さんには個人的にお会いする機会を得て、運に関しての、たくさんのインスピレーションをいただきました。お名前を挙げていない方にも公私共々アドバイスをいただいたおかげで、現在の私があります。

今まで出会った多くのメンターからいただいた運に感謝いたしますとともに、読者の皆様に、そのおすそ分けができることをうれしく思っています。

そして、あなたから次の方に「運のおすそ分けの輪」を広めていただけたら、著者として本当に幸せです。

本田　健

強運を呼び込む
本田健のオススメ本

ついてない、うまくいかない人生を変えたいとき――
あなたに読んでほしい書籍をご紹介します。
きっと強運になれる手助けをしてくれる、もう一冊になってくれるでしょう。

□浅見帆帆子『あなたの運はもっとよくなる!――私が実践している36の方法』（三笠書房　2008年）
□櫻井秀勲『日本で一番わかりやすい運命の本』（PHP研究所　2009年）
□スティーヴ・ギルマン『いますぐ「ラッキー!な人」になれる』（サンマーク出版　2009年）
□竹田和平『竹田和平の強運学』（東洋経済新報社　2004年）
□天外伺朗『運命の法則――「好運の女神」と付き合うための15章』（飛鳥新社　2004年）
□船井幸雄『幸運と成功の法則』（グラフ社　2003年）
□松永修岳『強運革命――どんな人でも、たちまちツイてくる!』（廣済堂出版　2003年）
□來夢『運活力――人生のエネルギーをアップする77の方法』（実業之日本社　2009年）
□リチャード・ワイズマン『運のいい人、悪い人――運を鍛える四つの法則』（角川書店　2004年）
□渡邉美樹『強運になる4つの方程式』（祥伝社新書　2008年）

参考文献

□サミュエル・スマイルズ『自助論』（三笠書房　1985年）
□クリストファー・モーラー編『バルタサル・グラシアンの成功の哲学』（ダイヤモンド社　1994年）
□松下幸之助『一日一話』（PHP研究所　1999年）
□スティーヴ・チャンドラー『なりたかった自分になるのに遅すぎることはない』
（ディスカヴァー・トゥエンティワン　1999年）
□ロナルド・レーガン、ナンシー・レーガン『世界でいちばん愛しい人へ』（PHP研究所　2001年）
□上田正昭他編『日本人名大辞典』（講談社　2001年）
□アンジェラ・B・フリーマン編『とびきり聡明な女たち』（大和書房　2002年）
□今泉正顕『生きる財産となる名言大語録』（三笠書房　2002年）
□ティーケイシー出版編集部編『座右の銘』（ティーケイシー出版　2004年）
□名言発掘研究会編『幸福を呼びよせる世界の名言』（はまの出版　2005年）
□司馬遼太郎『新装版　戦雲の夢』（講談社　2006年）
□渡部昇一編『ローマの名言一日一言』（致知出版社　2008年）
□「人生の言葉」編集部編『運命の言葉』（日本ブックエース　2009年）

本作品は小社より二〇〇九年一二月に刊行されました。

本田 健（ほんだ・けん）

神戸生まれ。経営コンサルティング会社、ベンチャーキャピタル会社など、複数の会社を経営する「お金の専門家」。独自の経営アドバイスで、いままでに多くのベンチャービジネスの成功者を育ててきた。育児セミリタイア中に書いた小冊子「幸せな小金持ちへの8つのステップ」は、世界中130万人を超える人々に読まれている。『ユダヤ人大富豪の教え』をはじめとする著書はすべてベストセラーで、その部数は累計で500万部を突破し、世界中の言語に翻訳されつつある。

本田健公式サイト

http://www.aiueoffice.com/

だいわ文庫

強運《きょううん》を呼《よ》び込《こ》む51の法則《ほうそく》

著者 本田《ほんだ》 健《けん》

二〇一三年一月一五日第一刷発行

二〇一七年五月一日第六刷発行

発行者 佐藤 靖

発行所 大和《だいわ》書房

東京都文京区関口一－三三－四 〒一一二－〇〇一四

電話 〇三－三二〇三－四五一一

装幀者 鈴木成一デザイン室

本文デザイン 福田和雄（FUKUDA DESIGN）

編集協力 ウーマンウエーブ

本文印刷 シナノ

カバー印刷 山一印刷

製本 ナショナル製本

ISBN978-4-479-30415-9

http://www.daiwashobo.co.jp